Quebranto

Quebranto

MARCO NIETO

EDITORIAL
PUNTO DE ENCUENTRO PUBLISHING

-A mi familia que siempre ha estado conmigo.
-A los amigos, amigas, amigues que siempre me animaron a escribir.
-A todo el equipo de punto de encuentro que han creído en todos los proyectos.

-Para todos ustedes:
Nuestros quebrantos también se deben disfrutar,
hagamos maravillas de nuestros pedazos,
de los retazos del alma, armemos un nuevo corazón.

-In memoriam Jesús Miranda Zambrano.

"Aquí la ilusión se paga con la vida"

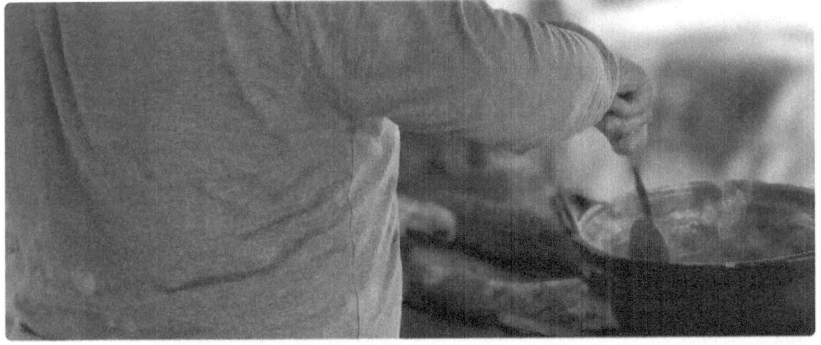

por Elena Garro

ÍNDICE:

17.- REY POETA SOÑADOR

21.- MI RAÍZ

23.- NAHUAL

29.- AUSENCIAS

33.- DAME DE BEBER

37.- AQUÍ SE RESPIRA LIBERTAD

43.- TU DIABLO, TU VIEJO, TU MUERTE

47.- TACUATA MÍA

49.- AGUARDIENTE

55.- RAICES

57.- REQUIEM DE MI LENGUA

61.- MI HISTORIA (YUCUSATUTA)

65.- DIFERENTE SOY

69.- PATRIA

75.- OLVIDO EN EL DESIERTO

79.- SUEÑO

81.- UN EXTRAÑO

83.- MUJERES EN MI CORAZÓN

85.- SOY LA BRUJA QUE QUEMASTE

87.- CARNE DE CAÑÓN

89.- DESPEDIDA

REY POETA, SOÑADOR

Hoy escribiré a mis espíritus,

con los ojos cerrados hasta que sangre el alma,

acariciaré la neblina con mi cara, añorando la calma.

Recitaré memorias con suspiros enredados,

corazón amarrado, dolores infantiles añejados.

Canto como el rey poeta, entre la pizca del maíz,

me siento diferente de donde nací,

canto tanto que cuestiono mi raíz.

Mi casa campesina sólo conoce la bondad,

mi estirpe hace todo por hacerse recordar,

los adultos, los abuelos no padecen ansiedad,

caricias de aurora matutina, amores de verdad.

Inclemente sol de mediodía,

anuncia fuerte la fajina,

los niños juegan con mazorcas a la orilla.

"Canta niño, canta fuerte, no perteneces aquí",

"canta melodías un día vas a salir",

"sueña grande, sueña fuerte, no detengas tu andar",

"cuenta sueños te prometo un día lograrás".

Melodías ancestrales al verme partir,

cantares de madres en el diario sufrir,

canciones de un rey añorando en su tierra vivir.

MI RAÍZ

Nací entre el murmullo de aguas de la barranca seca,

nací entre los cercos del hormiguillo que sombrea,

entre la neblina y la llovizna que riega la milpa,

corriendo entre las cabras traviesas,

en el corte de picante de un cerro grande que culebrea.

Nací entre el polvo de un camino hacia la barrera,

entre los brazos de una madrona, en el pueblo, en casa, con la partera,

en el campo verde, entre la maleza,

crecí entre la espalda y el rebozo de mi progenitora.

Mis primeros llantos en hamaca costeña,

mis primeros sueños arrullaron cabras risueñas.

Nací en el llano del cerro de la culebra,

en el pueblo donde alguien reza por encontrar pareja,

crecí corriendo entre neblinas, susurros de tormenta,

soy el rayo que a la oscuridad alimenta.

NAHUAL

Cuando me hablaron de ti,

me dijeron que a ti pertenecí,

cuando me hablaron de ti,

supe que debía volver a vivir en ti,

a renacer contigo, a soñar tu río,

caminar tus caminos, a volar tu cielo,

ser un nahual que cuidé de ti.

Soy el hijo del nahual,

soy el rayo que alumbra tu vereda,

soy el viento, soy copal,

soy el fuego que retumba en la tormenta.

Anida el águila en mi ser,

ella misma me dijo que tenía que volver,

la sabiduría me regalo, con el rayo me enseñó,

"eres hijo mío" me susurró.

Hoy me siento de tu vientre, ya se donde nací,

pertenezco a tus parientes, con el misticismo yo crecí,

ya no me siento diferente, conozco mi raíz.

Soy el águila en el horizonte, la penumbra no me asusta,

soy nahual, señor serpiente de tu hijo descendiente.

RA´A NDUVI
NAHUAL.

Kivi ka´ana tu´un nui,

ka´ana ña´un kui,

Kivi ka´ana tu´un nui,

chitoi ti iyoi ko´ondikoy,

Tu´un nanduvi ndikoy chiun, chani yutaun,

Kacaí iti chicaun ndati andiviun ta kui in ra´a nduvi ta kumiñu.

Yu´u kui see ra´a nduvi,

yu´u kui tacha jandichin iti chicaun,

Kui tati, kui kutu, kui ñu´u ña jakici tati xdan.

Ja´a in taka tazu yu´u, ka´an ña´a ti ´yoi chiconi,

Chini tuni cha ´aña nuin,

chin tacha jana´aña nuin,

"seei ku´un" ka´aña chaxoi.

Kivi vitin tuvini tichun, cha´a chitoí ndanu ka kui,

Ra´a ñiviún kui, yu´u kui ra´a ño´o,

tuva kuni zin,

yu´u kui tazu xini yuku, nu na´a ja´a viko tove yuvi.

Yu´u kui ra´a nduvi, ra´a nduvi xini zoo seeun.

AUSENCIAS

Me fui de tu vientre, avergoncé tu nobleza,

corrí de tu lado sin delicadeza, abracé otros brazos,

perdí mi vida en la inmensidad, corrí sin medida hasta la eternidad.

Encontré mi vida en el regreso,

entendí que a mi nahual debía yo cuidar,

acaricié tus campos como retroceso,

contemplé tu montaña y ahí estaba toda mi faz.

Ya no lloro más ausencias,

hoy estoy de nuevo en mi lugar,

busco que el mundo reconozca,

cada fecha de tu caminar.

Recorro tus aguas cristalinas, como tu alma sin amar,

cantaré todos tus dones, hasta las estrellas de otro lugar.

No temo a tus tormentas, no hay miedo en este lugar,

los señores serpiente cuidan nuestro caminar.

NDISA ÑA KINDO
AUSENCIAS.

Cha kuen un ndi un tokon ja kukanui ña va´aniun,

Chinuin xiun tove ví´jai, chumindei zoko ingana,

chana animen un´nduva, chinu ´nduva kui ndanu ndi kivi.

Natain animen iti chikoni ,

kutunini ti iyoi kumi kiti nduvi,

jandovi un kuún iti kichi,

kindoi ndei yuku ta´ikan indí´i ndisa ña kuii.

Tuva chakui cha´a ndisa ña kindo,

vitin iyo ndikoi nu iyoi

Nandukui na´a koto ñu´u ñivi

ndisa kivi chikaun.

Kenui ndisa takui kuichin kua ka´a anima ña tove kuni.

Ni kate´i ndisa ña ku jaun nda da´ chele inga chiyo´o.

Tove ndasi tati xa´un, tove iyo ña lluvi

iya ndra ko´o cumindra i ti chikayo.

DAME DE BEBER

Cuando te vi eras diferente,

dos lunas alumbraban toda tu faz,

tu sonrisa blanca destellos con solo mirar.

Tu piel de fuego, el mestizaje de tu ser,

tu corazón orgulloso dame de una vez.

Tus cabellos necios, tus pies rojos ya cansados,

en el campo y la montaña mariposa, dame de beber.

Guardo tu mirada, guardo tus ojos en mi ser,

alimento mi alma con tus besos, madre lluvia dame de beber.

Afligido en amarga soledad, de tus lienzos dibujé,

imitando tu grandeza, al cerro del señor serpiente caminé.

Contemplé la boca del cerro serpiente una vez,

del mismo padre descendiente, la misma estirpe, el mismo ser,

somos uno mismo en su oído susurré.

Señor serpiente, montaña mariposa, madre lluvia dame de beber.

KUA ÑA KO´I
DAME DE BEBER.

Kivi ndeiñu siin kau´n,

Uvi yo´o jandichi ndisa ña kun,

Ña kuichin chakun ndava tacha ora ndeí.

Ma´a ñu´un ku ñiun, ña ño´o animaun,

Kua anima jakutayi nui ndeni,

ixi xinium do´o cha kua chaun ña chitatu

yi ñu´u ku´u yuku tiya´a kua koi.

Nakivei naja ndeun, nakivei tinun animen jakichi animen chin ña chutun,

Ma´a savii kua ña koi, ndavi ta´uba´a kuni ma´in,

nu tutu jai naja´ kua chande kaun, yuku ra´a koo chikei.

Kindo ndei yu´u koo in cha´a juni see tata ra´a,

juni see ra´a ndicha juni ma´ara,

juni ma´ayo kuyo un´u so´ora ka´ an kuei,

ra´a koo, yuku ti ya´a, ma´a savii kua ña koi.

AQUÍ SE RESPIRA LIBERTAD

Tus veredas son mi paz,

caminando por tus calles encontré identidad,

en los recovecos de mi alma abracé tu libertad,

en tus campos corrí sin maldad.

En tus cerros se refleja nuestra faz,

tus aguas cristalinas añoro volver a tomar,

el vestido de los tuyos la historia contará,

en tu cielo vuela mi nahual.

Tus lienzos cuentan de mi estirpe,

donde nacieron los abuelos de los míos,

cuentan a quienes pertenecen nuestros ríos,

tu historia, mi historia, nuestra historia, hoy es un canto triple.

Me contaron que no podía ser de los tuyos,

que mi ropa no hablaba sobre ti,

aislaron mi voz dejando solo un murmullo,

el corazón de mi nahual hoy canta para mí.

Cada día espero tu historia relatar,

que el mundo contemple tu bondad,

la tormenta es solo una señal,

los señores serpiente no saben de maldad.

El viento toca tus llanuras, tus flores crecen sin parar,

una leyenda en el alma de los tuyos: ¡Aquí se respira libertad!

I'YA XITAYO TATI NUNAAYO
AQUÍ SE RESPIRA LIBERTAD

Ma itiun kuu ma ña va'ani iyoi,

ora chikai ma kai ña'un nata'in yoo kui,

ma nu kava iti animai chunumindai ma ña nunaun,

ma nu chiikiun chinuva'i.

Ma nu yukun ndichin ndisaa nuuyo,

ma takui kuichiun kunindikoi ko'i,

ma sa'ma ñiviun kua chiiyona natu'unyi,

nu andiviun ndati ma kiti nduvi.

Ma tutu Ree ka'anyi tu'un ndra cha'anu pe'endi,

nu kaku ndra cha'anu pe'endi,

Ka'anyi tu'un yo kuu chito'o ma yuutayo,

kua kichiun, kua kichi, kua kichio, vitin inni kuu ma ndi uni yaa.

Katina chi'in ti tobee kuii ñiviun,

ti ma sa'mai tobe ka'anyi tu'un,

Jakesinna ma táti ta nakoona in tati viindaani ka'an,

ma anima kiti nduvi vitin chitayi kuenda mai.

Ndisa kivi chatui kuenda natu'in tu'un kua kichiun,

takan ma ñuu ñivi nde'eyi kua va'aniun,

ma tati xaan jucha kuuyi in ña jana'ani,

ma ndra tata koo tobe chitondra tu'un xaanindra.

Ma tati ke'eyi ma nu ndu'vaun,

ma itaun tobe chundaa ña cha'nuyi,

in kuendu ndicha tichi anima ma ñiviun:

I'ya xitayo tati ña nunaayo.

TU DIABLO, TU VIEJO, TU MUERTE

En la rosa de tu vientre madre tierra, tu hijo caminó,

en los ojos de parientes la muerte divisó,

no temas a los viejos ella susurró,

vuela tan alto como Gavilán, alza tus sueños que tus nahuales te puedan escuchar.

Te ofrezco un corazón diablo enamorado,

mancha con tinta de tu alma todo mi ser,

te ofrezco mi piel canela para que puedas poseer,

te ofrezco mi alma en prenda para que amigos seamos de una vez.

La tarraya en mano anuncia que la pesca comenzó,

con el místico cotón tu viejo ya salió, pescando en las enaguas tu dulce camarón,

viejo de mi vida, viejo sin razón, envuelve en tu tarraya todo mi corazón.

Enmudecí con la flauta y el tambor,

enmudecí bailando con la muerte el mismo son,

la flaca con su hoz, los ánimos alentó,

bailando con el pueblo todos, la misma canción.

ÑA KUINAUN, ÑA CHAU´N, ÑA CHIUN.
TU DIABLO, TU VIEJO, TU MUERTE.

Nu´ ita xi cun ma´a yuti, ra´a seen chika,

nu tinu ndra ñivium ña chii nde´e, na´ yuviun ndra chanu,

ndati nu sokun ta´ma tazu, janda chaniun ndava na´kuni ndra nduvi.

Chai´ in anima kuina ña kuvi vii,

jakini chiin tuun animaun ndisa ña kui,

chai canena ñiin kuenda ña kuñaun,

chai animen nu sokokuenda indeni kú yo ta´an.

Yu´uba tinda´yo katitonyi ti ña kin´o kecha,

chiin koton tajina ra´ chanu cha´ kera, kiindira chiin koton nu´ takui tiio vishi,

ra´ chanu animen, ra´ chanu tove chinituni, jakuikun un´ yu´baun animen.

Ni keta kain chin, tuyo´o chin tambo,

ni keta kain ora tachaí chiin ña chii in ni yo´aa,

ña lakate chin ka´ ja´an na´ndetana tacha´an chin ñu´u chin ndisana in ni ya´aa.

TACUATA MÍA

Las letras de tu nombre son bendición,

tu vestido inspira la más grande tradición,

tus joyas definen adicción,

tus ojos negros causan emoción.

Tu huipil y sus grecas definen belleza,

que el pueblo tú engalanas,

esa belleza tacuata, esa belleza no hurtada.

Cuando caminas en el río meces las aguas,

cuando decides tu destino nadie te para,

tacuata virtuosa, tacuata mía, mi niña amada,

eres belleza con creces, belleza por todos amada.

Tacuata tus dioses te bendicen al nacer,

te regalan belleza con nahuales que cuidan tu ser,

danza con gusto tacuata mira tu estirpe florecer,

canta para los tuyos, observa tu pueblo renacer.

AGUARDIENTE

Acabo de entender,

los focos se apagaron como el frío en el verano,

tu amor no funcionó,

con luces encendidas en un evento pagano el aguardiente nos elevó.

Bebí al lado de los dioses tu elixir de desamor,

bebí con mis demonios pócimas de dolor,

abandoné mi tropa por tu ropa sin planchar,

dejé mi patria por tus remedios probar.

Desgarré mis pupilas al no verte en el balcón,

abracé tus recuerdos con amor,

bebí aguardiente del mejor,

bebí aguardiente sin control.

Que la zafra sea para sanar el desamor,

remedios de tus besos son nuevas señales,

trapiche donde se arme un nuevo corazón,

aguardiente que cure todos los males.

Embriagué mis sentidos para mi mente sanar,

tome aguardiente hasta no poder más,

borracho de dolor en la parte trasera de tu corazón,

avaricia de tu cuerpo, añorando los recuerdos, destronan mi razón.

Perdí mis sentidos buscando tu refugio,

ahogué mis temores en tugurios de cartón,

en la zafra encontré el remedio a mis dolores,

mi nahual un día me susurro:

"El aguardiente no emborracha a los señores serpiente",

mi delirio ardiente por ti ese día terminó.

(VARENDE)
AGUARDIENTE

Ja vitin kutunini, ma ñu'u nda'vayi kua nda'va ña vichin chi'in ña keta

tiempo ñumi,

ma ña kuniun yu'u ni kuatiñuyi.

Chi'in ñu'u tiin in nu viko kui'na ma varende jandatirayo.

Chi'i xiin ndio ma takui ña tobe ni kuniun yu'u,

chi'i chi'in ma kui'na iyo tichi takui kutatan ña u'vi,

nakoi ndra mañeru kanita'an xiin kaati sa'maun juuni tii,

nakoi ma ñuu nu kakui ja'a ña kuni tiyaai takui jatataun.

Janakai sandu tinui ora tobe ni nde'iñu sukua ve'un,

chunumindai ña chaku'uniñu chi'in animai,

chi'i ma varende va'aga, chi'i varende kuenda ka'nu.

Ma tiembu chatuyo na kuuyi kuenda ña janda'a ma ña ni kuniun yu'u,

ña jatatan ña tutun yu'u kuuyi ña jana'a chaayi,

un ma ña ndiko na keta ndiko in anima chaa, varende ña jatatan ndisa kue'e.

Jakuchini ndisaa ma kuñui takan na ndova'a chinitunii,

chí'i varende nda ora ni kuaa ja'i, u'vi kuuni ta chiini iti chata animaun,

kuuni tiiaga ta tiiaga ma kuuñun, táxiini ma ña chaku'uni,

kindaayi ma chinitunii.

Jakunai ndisaa ma kuñui ora nandukui nu jakakun yu'u,

jaka'in ña ndaasi tichi ve'e vali tutu nducha kaa,

un ma tiembu chatuyo nata'in ma tatan ma ña tau'vi,

ma kiti nduvi in kivi ka'an xe'eri cha'a so'i:

"ma ndra tata koo chiinindra chi'in varende" ma ña tivi ndicha xini

cha'un kivi ikan chiinuyi.

RAÍCES

Menciona los sollozos silenciosos,

a los recovecos del corazón cargados de vergüenza,

los murmullos quejumbrosos de la mente,

a la madre lluvia con dolor a cuestas.

Nuestros dioses destruiste en el altar,

nuestra estirpe no existirá jamás,

odiaste tus creencias por sentirte diferente,

nuestra maldición hoy vemos en tu frente.

Perteneces a esta tierra con aroma de copal,

sostén la garra, sostén el rayo te canta tu nahual,

vestigios de los ancestros en tu carne encontrarás,

no maldigas tus raíces, no ahora, nunca más.

RÉQUIEM DE MI LENGUA

A lo que tú llamas desarrollo es destrucción para mí,

es una amenaza contra mi raíz,

estas minas destruyen todo lo que creo,

amenazan con desaparecer mi vida al sonar de los dedos.

Soy el producto de tu entorno,

convivo con mi medio, mis mares, mis bosques,

convivo con las vías de desarrollo

soy tu lengua que refleja el valor en el viento,

soy desde siempre tuya, tu sistema de conocimiento.

Revive mi esperanza cuando tata-coatl habla con los niños,

renace una llama, las olas de nuestros mares vuelven a la calma,

crucial para la supervivencia de mi alma.

No hagan algo que los ancestros no aprobarán,

no destruyas nada que los niños no conocerán,

soy un ente vivo, adaptable, mejorable,

soy tu lengua, soy tu madre, soy tu padre, tu raíz,

tu hermana memorable.

MI HISTORIA (YUCUSATUTA)

Mi nombre escrito en náhuatl está,

cerca del cerro de la campana mi fundación,

Ya Koo señor serpiente nuestro Dios,

señores serpiente sus descendientes hasta la aurora de hoy.

Entre pinos y ocotes, bejucos y tlachicón,

pichuacas, lechuzas, gavilanes y venados nahuales en el corazón,

los mixtecos habitaron el reino que 8 venados unificó,

Yucusatuta llevo por nombre, Tlaloc Sol por primera vez me nombró.

Pocos de mis hijos hablan mi lengua,

el viejo tata-coatl ya no enseñó,

toda mi estirpe sigue siendo 7 agua,

cada niño protegido por su nahual en mi región.

Los aztecas a mis hijos dominaron,

por tributo entregaron semillas y algodón,

cruzando los siete pinos ahí aparezco yo,

después de las neblinas, el zacate define mi razón,

las montañas, los nahuales, señores serpiente, todos en un solo corazón.

DIFERENTE, SOY

Misterios eternos a la luz de la luna,

decepciones matizadas desde la cuna,

este suelo no me quiere desde mis primeros días,

se siente diferente todo en la colina.

El calor de las brazas toca mis dedos,

lloro al pensarme distinto, yo no quiero,

soy diferente a todos, pienso todo el tiempo,

me juega malos ratos mi mente, lloro, yo no quiero.

Que ser distinto solo sea un recuerdo, espero,

transcurre el tiempo, lento, lento,

hacer memoria duele, siento,

que me cure el destino todo este sentimiento.

Misterios dolorosos, rezo,

que Dios perdone malos pensamientos, rezo.

Misterios gloriosos, a los dioses de mis ancestros, canto,

que apacigüen mis demonios, no más llanto, canto.

Misterios gozosos, no más tempestades, sueño,

grande, fuerte, valeroso, cambiar mi rumbo, sueño.

PATRIA

Salí corriendo de tu casa, dejé la dignidad en una taza de café,

callé ante los ojos de una madre dolorosa,

ante la injusticia de tus hijos ese día perdí la fe.

Abandoné lo que creía, salté los muros sin piedad,

dejé colgada mi bandera, añoro hoy tu casa volver a pisar.

Mis sueños arrumbados en los muros de tus casas, mi linaje no sabe de crueldad,

no me abandones patria mía, no ahora, nunca más.

Decepciones incesantes, amigos derrotados por la soledad,

enemigos con egos matizados, una madre que llora soledad.

Tus hijos saben de destierro, a su hogar añoran regresar,

devuelve patria mía las ganas de tu cielo volver a mirar.

Tus casas tan vacías, tus caminos se pierden sin andar,

esos pasos infinitos a tus cerros volverán,

tu estirpe solo espera una oportunidad,

toda una vida con tu luna volver a suspirar.

Sueño con el roció de tus mañanas, con tus tormentas volver a lidiar,

dame vida, dame patria solo una oportunidad,

dame vida, dame patria tus aguas volver a tomar.

Suspiro cada noche con tus estrellas volver a contar,

con tu cielo majestuoso, con la algarabía de tu bandera en ancho ondear,

espero toda una vida, a ti patria regresar.

Ya no escucho a tus parientes, algarabías de carnaval,

estas tierras odian nuestra gente, aquí solo hay rabia, no existe en el alma la paz.

La pureza de tu aire déjame respirar, mi patria sabe a libertad,

quiero en lo alto de las nubes tu bandera contemplar,

devuélveme mi infancia, las ganas de cantar.

(ÑU'U NU KAKUI)
PATRIA

Chinui kei ve'un, nakoi nda ña ja'a ña kuuniyu'u tichi nu chi'ii kaafe, kutashi yu'ui nu tinuu in ma'a nde'e tundo'o, nu tobe chañu tiñu kuenda se'un orakan nakoi ña chinuni.

Nakoi ña chinuni, ndabai koora tobe ni kunda'vini, takai sa'ma ndiso sivi ma ñui, taxiini vitin ña kuni ndikoi kuañui ve'un.

Ña chaani kandoyoyi cha'a ve'un, ma ndia se'i tobe chitona ña xaannina, na nakoun yu'u ñu'u un kakui, vitin tobe, ni ian cha'a.

Tuvata ña tobe chinuyi, ndra yani ni kundeega ja'a ña maindra, ndra xaanni jatayi ndicha in ni ndakundra, in ma'a chaku main.

Ma se'un chitondra ña tavanandra yutindra, ma ve'endra taxiinindra ndikoni'indra, jandikoni'i ñu'u nu kakui ña ndeeni takan na nde'e ndikoi andiviun.

Ma ve'un taxin kaayi, ma itiun chanaayi ña tobe chikanayi, ndikoni'i ndiko ma ña tobe ndi'i chikana ma yukun, ma ndia se'un ndatuna na kuu ja'ana, ndisaa kuaa dito iyonaa ndatuna chi'in ma yooun kuu taxinina.

Chaani chi'in yuyu takui ña ora kundichin, kundendikoni tati xaun, kua'a ña kooi, kua'a ñu'u nu kakui uva nuu cha'a ña kuu ja'i, kua'a ña kooi, kua'a ñu'u nu kakui takuiun ko'ondikoi.

Ndisaa chanikua taxiini takan na kuu ka'avindikoi ma cheleun, chi'in ma andiviun vii ndicha, chi'in ña sii ma sa'ma nu ndiso sivi ma ñuun kua ki'inyi ndatiyi, ndatui in kua koi takan nu ñu'un ndikoni'i

Toba chiini ma ñiiviun, ñaa siini viko sii, ma ñuu i'ya xaannina ma ñivio, ma i'ya jucha iyo ña saanana, tobe iyo taxin animana.

Ma tati va'aga ku'aun na jitai, ma ñu'u nu kakui chachi kua ora nunaayo, kuni ña nu sukun nu viko kuni nde'i ma sa'ma ndiso siviun, jandikoni'i ora kuvali, chi'in ña kuuni ndichai katai.

OLVIDO EN EL DESIERTO

He callado al no saber en qué tierra estoy,

mirando al horizonte un sol que no logro reconocer,

esta luna no es con la que platico otras noches,

este aire se siente diferente,

el calor no me abraza como otras veces.

El frío del calabozo de mi alma no encuentra salida,

desterrado en un desierto, con el corazón al descubierto,

jauría de lobos olfateando mi cuerpo,

búscame, mamá, encuentra mi rostro.

El gendarme anunciaba que mis ropas encontraban,

mi cuerpo en el limbo navegaba,

mis dioses, mis ancestros, mis nahuales me guardaban,

la tierra prometida me esperaba.

Olvidaron buscar más mi cuerpo,

olvidaron también mi recuerdo,

solo mi nahual me abrazo,

en la agonía "eres hijo mío" un águila real me susurró.

Descanso junto a mis dioses,

cual espíritu guardado en cofre,

hoy soy solo ese canto que te ruboriza,

ese viento que tu mejilla acaricia,

soy el viento, soy copal, soy también una sonrisa.

SUEÑO

Cuánto sufrimiento en esta jaula,

no más sueños en este encierro,

mis hermanos lloran el destierro,

el llanto de los nuestros no tiene arrimadero.

Soñé con conocer muros en el norte,

acaricié la arena caliente del desierto,

exilio propio de los cuentos,

realidad cruel al correr el viento.

De las manos de mamá me arrancaron,

¡No entiendo! ¿por qué nos separaron?,

en mi pequeña mente todo esto no comprendo,

se juegan mi destino, un idioma que no entiendo.

UN EXTRAÑO

Mis mascotas lloran al verme partir,

una casa sola sin nadie quien vivir,

mis amigos ya no pueden reír,

en mi mente solo suena: ¿Por qué me han traído hasta aquí?

Esta casa habla de otros ancestros,

esta ciudad no sabe a mi pueblo,

no puedo correr entre montañas,

este cielo no se ve como mi cielo.

Quiero volver a mi nido de nuevo,

esta tierra sabe a destierro,

saquen las minas de mi pueblo,

¡Dios! Alguien me ayude a tener consuelo.

No quiero más ser un extraño,

cruel destino matando a los abuelos,

nos han cortado las alas al vuelo,

repito todo el tiempo: ¡Esta va por mis ancestros!

¡Patria, patria!…espera por mí.

MUJERES EN MI CORAZÓN

No se repita la historia de mi madre,

estas mujeres cercanas a mi corazón,

nunca llore en silencio el corazón de la abuela,

nunca se calle cuando tenga la razón.

Que las flores se marchiten con la vena patriarcal,

el silencio no exista cuando a mamá manden callar,

desaparezcan los miedos al varón,

soy tu escudo, canta conmigo en un mismo corazón.

Pintaré las calles con tu rostro,

buscaré por todos lados a los monstruos,

gritaré porque te dejaron en silencio,

cantaré por ti, cantaré por todas, estos versos.

Canta fuerte, canta hermana, te vamos a encontrar,

corten las ideas al homicida patriarcal,

que arda hasta el cielo por quién te hizo sufrir,

quemen el silencio, quemen todo este país.

SOY LA BRUJA QUE QUEMASTE

Estoy dispuesta a la hoguera, por mi estirpe venidera,

quemen mi cuerpo, mi cerebro, jamás mis ideas,

fueron de cacería, encontraron mi cabeza,

mi poder es sobrenatural, gritaré por lo que no dijo mi abuela.

No existirá más el silencio, no en mis nietas de la nueva era,

vendrán nuevos siglos, no existirá fuego en mis ideas,

no callarán la nueva vena, libertad para las mías,

la libertad será mi bandera.

Me han llamado bruja por no alabar sistemas,

los nuevos siglos serán la cosecha, como una nueva tierra,

las nietas de mis nietas no sentirán miedo de creer lo que crean.

Ahogarán un silencio en la horca que sentencia,

mi último suspiro retumbará en tormenta,

mi sangre seguirá viva en la rebeldía de las nuestras.

CARNE DE CAÑÓN

Escondido en tu interior, etéreo como la noche triste,

tesoros validados en tu corazón.

Amarguras en tu rostro, marcado de dolor,

coplas de vida triste, cuánta raíz tu corazón.

Amor barato en la esquina, amor fingido que domina,

belleza triste, solo al maquillaje brilla.

Laberinto diseñado por el proxeneta,

burdel obsceno, cabaret de noche,

canción triste que mi alma anima.

Besos sin aroma, vendieron solo un cuerpo,

saquearon juventud, caricias sin afecto,

no matarán mis sueños, mi alma no han descubierto.

Me apartaron del rebaño, soy carne de cañón,

este cuerpo, no es más mi cuerpo.

DESPEDIDA

He llegado mucho más lejos que mi imaginación,

persignaste mi boca, me vendiste una bendición.

El reino prometido jamás existió,

ultrajaste a mi Dios, tu fuiste mi Dios.

Me perdí en la inmundicia que tu apóstol mostró,

¿Dónde estabas cuando no tenía voz?

Ante la inmundicia de tu elegido perdí la fe,

frente a tu altar cántaros de lágrimas derramé.

No apareciste cuando llorando supliqué,

no hay esperanza, el corazón de mi cuerpo arranqué.

Discursos huecos, juramentos en vano,

injusticias de poder humano.

Jueces anuncian justicias ante mi llanto,

alabanzas al Dios en la tierra, besan su mano.

Hace mucho que no creo en ti,

¿Por qué la maldad? me pregunto al despertar,

esa pregunta haré cuando esté frente a ti,

es momento de verme partir.

No es venganza, es por amor,

por las que ya no están,

por las que aún callan, por todas,

silencio sepulcral en mi funeral.

QUEBRANTO
MARCO NIETO

Salí corriendo tras las cabras para olvidar,
tarda tanto el tiempo solo para recordar,
todos en el pueblo dicen que papá no volverá,
el maizal parece triste llora conmigo sin cesar.
Se han secado mis ojitos, no puedo llorar más,
no entiendo porque ya no tengo a mi papá,
llegan navidades, lugareños volverán,
solo una pregunta ¿Alguien vio a mi papá?

Amanece otra vez,
esta casa tiene ruido, aurora matinal,
nahuales con nosotros,
cuidando nuestro hogar.

Mis ilusiones en tu sombrero de matriarca,
una Singer, hilos, botones,
tus lágrimas admiraban.
El campo tu refugio,
tu rebozo, fortaleza, paz para el alma.

Quisiera escribir sobre la sazón de mi abuela,
sabores, aromas de ocote al quemar.
Quisiera escribir sobre abrazos; cariñito de estirpe ancestral.
Quisiera escribir, —aunque solo describo—
lágrimas, dolores, sinsabores, alma en pena…
Describo el cruel destino,
la razón: mamá no conoció a su mamá.

Heme aquí, en el lugar que juré nunca regresar, con la misma tropa, con la misma ropa, bajo el mismo sol.

Germine en tu suelo almas venturosas,
cantares de soldados;
contando tus memorias,
escribiré tu historia, que soy tu hijo,
desde la voz de mis ancestros.

MARCO NIETO

(San Antonio zaragoza, Santa María Zacatepec, Oaxaca, México 1986)

Poeta, compositor, tallerista y promotor cultural nacido en la cuna de la comunidad tacuate en la sierra sur de Oaxaca, ha cursado estudios en enseñanza de lenguas extranjeras con especialidad en inglés, además de cursos sobre literatura latinoamericana, periodismo, mujeres transgresoras en Latinoamérica.

Ha participado en talleres sobre narrativa en diversas escuelas de nivel básico en México y Estados Unidos, además de la feria internacional del libro de Oaxaca, en la Coordinación Nacional de Literatura del INBAL de Mexico y Montclair State University.

Ha participado en diversas ponencias como: Justicia lingüística y migración, diversidad en contextos migratorios en The People´s fórum en New York y el PUIC UNAM.

Su poema nahual fue reconocido dentro del concurso literario "aproximación a la literatura en lenguas indígenas mexicanas" de la Facultad de estudios superiores Acatlán de la UNAM. Presento su obra "Quebranto" en la exposición te amo porque sos pueblo en Bronx Art Space, Bronx, New York, en Mission Cultural Center for Latino Arts de San Francisco, California, Feria internacional del libro de Los ángeles, California y centro de estudios latinoamericanos y el caribe de NYU.

Su obra "Raíces lejanas" fue acreedora de una mención honorifica del 4 concurso de literatura para la diáspora mexicana del instituto de mexicanos y mexicanas en el exterior del gobierno de México.

QUEBRANTO
MARCO NIETO

Créditos:
Autor: Marco Nieto
Editorial: Punto de Encuentro Publishing
Edición: Augusto Morales.
Diseño/Ilustración: Emmanuel Ramírez.
Fotografía: Emmanuel Ramírez, Marco Nieto, Karime Domínguez.
Diseño de Portada: Emmanuel Ramírez.
Traducción Tacuate: Mónica Rafael, Pedro López Merino.

Este libro fue maquetado en la Ciudad de México, México, en diciembre de 2024, utilizando la tipografía Minion Pro para el cuerpo de texto y Minion Pro Italic para los títulos. La maquetación se realizó con el software Adobe InDesign.

Primera edición: Diciembre 2024.
Segunda edición: Enero de 2026.

© 2024 Punto de Encuentro Publishing
Todos los derechos reservados.
Prohibida la reproducción total o parcial de esta obra, por cualquier medio, sin la autorización escrita del autor y de la editorial.

Para más información sobre el autor y sus obras, visite:
www.marconieto.com

ISBN 979-8-218-98578-3

www.ingramcontent.com/pod-product-compliance
Lightning Source LLC
Chambersburg PA
CBHW030052170426
43197CB00010B/1499